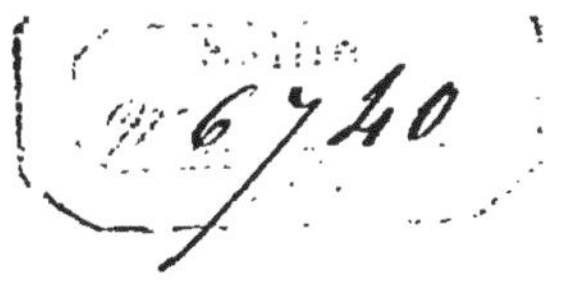

ESQUISSE D'UN PROJET DE LOI

SUR

L'ENSEIGNEMENT PRIMAIRE

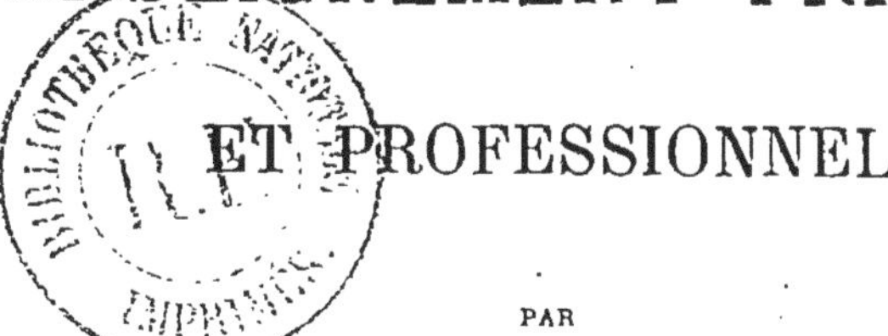

ET PROFESSIONNEL

PAR

CH. SAUVESTRE

(Extrait de la *Démocratie pacifique*. — Mai-Juin 1851

PARIS
IMPRIMERIE DE DUBUISSON ET Ce
5, rue Coq-Héron, 5

1870

L'esquisse ci-après d'un projet de loi sur l'instruction primaire est textuellement extraite d'une série d'articles que la *Démocratie pacifique* a publiés en mai et juin 1851, et qui résumaient les principes exposés antérieurement, par l'auteur, dans le même journal.

Après vingt ans de lutte, j'ai pensé qu'il pouvait y avoir quelque utilité, dans les circonstances présentes, à mettre cette esquisse sous les yeux de mes collègues de la Commission de l'enseignement communal, en indiquant quelques-unes des principales modifications que l'étude et l'expérience y ont apportées dans mon esprit.

Ces modifications touchent spécialement à trois points : la question des diplômes, l'intervention des citoyens en vue du développement de l'instruction et de la prospérité de chaque école, et la question si controversée du choix et de la nomination des instituteurs publics.

DU DIPLÔME OU BREVET DE CAPACITÉ.

L'idée d'une liberté de l'enseignement, sans conditions de moralité, de diplôme de capacité, sans inspection, ne peut se baser que sur la sérieuse aptitude des parents à discerner la valeur réelle de l'instituteur. Cette aptitude existe-t-elle? Peut-on dire, quand il s'agit de l'enseignement populaire, et dans l'état présent des classes laborieuses, que les pères et les mères possèdent les lumières qu'il faut pour juger de la valeur du maître ou de la maîtresse auxquels elles confieront leurs enfants?

A n'envisager l'enseignement que comme une industrie pareille à toutes les autres, ainsi que le font certains doctrinaires de la liberté absolue, peut-on dire que la société n'a pas le devoir d'intervenir pour garantir le poids, la quantité de la chose vendue, comme elle intervient dans le commerce en imposant des mesures auxquelles, pour la sécurité de l'acheteur, l'Etat imprime son poinçon?

En matière d'enseignement élémentaire surtout, — le diplôme ou brevet de capacité est la marque de garantie apposée par l'État. Et lorsque je regarde ce qui se passe en d'autres pays, il me paraît indispensable.

Il ne faut pas s'étourdir avec des mots sonores. Les garanties réciproques, en accroissant la sécurité publique, sont également des instruments de liberté et les plus parfaits qu'une société civilisée puisse produire. Aller à l'école apprendre à lire, à écrire, à calculer : tout cela est une gêne pour l'enfant, pour l'ignorant. Mais, quel instrument de liberté, d'émancipation !

D'ailleurs en mettant des conditions, même sévères, à l'obtention du titre d'instituteur, on peut élever la fonction en dignité sans en gèner l'exercice. Il suffit que la liberté de conscience et d'opinion reste entière. C'est là une distinction sur laquelle je crois bon d'insister.

DE L'INTERVENTION DES CITOYENS.

Par l'institution des délégués cantonaux, la loi du 15 mars 1850 (art. 18) a ouvert une voie qu'il s'agit d'élargir. Seulement, dans ma pensée, l'État n'y peut rien faire de bon, si ce n'est en ouvrant la porte à la libre initiative des amis de l'instruction. Aux délégués nommés par le gouvernement, je voudrais voir succéder des comités de citoyens qui auraient pris, par goût, par dévouement à l'éducation populaire, la tâche de soutenir, de faire prospérer telle école de leur quartier ou de leur commune.

Qu'on regarde les établissements fondés par le clergé, il n'en est pas un qui ne soit entouré d'un patronage influent actif, zélé. Pourquoi ne voyons-nous rien de semblable dans nos écoles laïques? Pourquoi les abandonnons-nous à la tutelle formaliste et nonchalante de l'État!

L'administration ne saurait faire du zèle : cela est contraire à sa nature. Des comités que le dévouement recruterait montreraient une bien autre allure, l'émulation s'en mêlant.

Aux États-Unis, toute la direction de l'enseignement primaire est confiée à des groupes de citoyens dont un promoteur zélé a provoqué la formation. C'est un apostolat incessant, qui passionne les foules, les excite aux sacrifices, et dont l'ardeur a créé un mouvement qui n'a d'égal dans aucune contrée du vieux monde.

L'État fournit sa part sur le budget; les comités y ajoutent leurs recettes propres. Outre qu'ils ne se lassent point de répandre dans le pays une salutaire agitation pour leur grande et patriotique mission, ils exercent encore sur les votes des assemblées une pression féconde.

Notre *Ligue de l'Enseignement* est un commencement. On y pourra trouver les cadres de l'organisation nouvelle, pourvu qu'on laisse faire et que l'initiative privée puisse agir librement.

DE LA NOMINATION DES INSTITUTEURS PUBLICS.

Le projet qu'on va lire attribue absolument à la commune le choix et la nomination de l'instituteur et de l'institutrice publics.

Or, le choix d'un instituteur par la commune suppose un état qui n'existe pas encore. Les communes sont trop petites et trop pauvres; l'instruction y est surtout trop rare. Les circonscriptions actuelles sont toujours celles des anciennes paroisses d'avant la Révolution. On compte en France 15,500 communes et plus qui n'ont pas 500 habitants. Quelle autonomie pouvez-vous attribuer utilement à un groupe aussi

restreint? Ce n'est pas tout: il y a des communes de 100, de 80, de 50 habitants; il y a des communes où personne, dans le conseil municipal, ne sait lire; qui sera juge du mérite du candidat?

Les instituteurs ne redoutent rien tant que de se voir à la merci des gros bonnets du village, dont les déterminations ont rarement pour cause des mobiles désintéressés. Lorsque la proposition de donner le choix des instituteurs aux maires pour l'enlever aux préfets, fut présentée à la Chambre, il y a quelques mois, les instituteurs protestèrent en masse dans des lettres adressées aux journaux indépendants.

En l'état actuel de nos populations rurales, laisser le choix de l'instituteur public aux conseils municipaux, ce serait abaisser certainement le niveau de l'instruction et tuer l'enseignement laïque.

Il faut reconstituer le conseil départemental d'instruction, en le formant, non de fonctionnaires, mais de citoyens connus pour leur dévouement à l'éducation du peuple.

C'est par une participation de plus en plus large de l'initiative privée aux choses de l'enseignement que cette grande affaire des peuples libres prendra chez nous le rang qu'elle doit occuper dans les préoccupations générales.

Un mot encore :

L'éducation religieuse appartient à la famille. Si nous ne lui donnons point de place dans le programme de l'école, ce n'est pas pour restreindre les droits de la conscience, mais au contraire afin d'affirmer et de garantir la liberté pour toutes les croyances.

Paris, le 1er décembre 1870.

75e JOURNÉE DU SIÉGE.

ESQUISSE D'UN PROJET DE LOI
SUR L'ENSEIGNEMENT

DÉCLARATION

L'instruction étant une dette de la Société, l'État la donne gratuitement.

Et comme il représente la somme des forces morales et matérielles de la nation, son enseignement doit être le meilleur possible.

Cependant, comme vis-à-vis de l'individu toute collectivité ne peut avoir que des devoirs et jamais de droits, sous peine de revenir au règne de la force, l'État ne peut imposer son enseignement.

Le droit d'enseigner est un droit antérieur et supérieur à toute loi écrite, comme la liberté de penser et de manifester sa pensée, dont il est une forme.

I. — Enseignement privé ou libre.

Tout individu a le droit d'enseigner et d'ouvrir une école, sous la condition d'en faire, dans les vingt-quatre heures, personnellement et par écrit, la déclaration à la mairie, en indiquant le local où sera tenue l'école, les lieux qu'il a habités depuis l'âge de quinze ans et les certificats de capacité quelconques, récompenses publiques, etc., qu'il pourrait avoir obtenus, pourvu que cette indication soit appuyée de preuves authentiques. Le maire, après avoir vérifié ces pièces et en avoir fourni récépissé, affichera la déclaration, suivie des indications ci-dessus, à la porte de la maison commune et à la porte de la nouvelle école ; elle y restera apposée trente jours. Le récépissé de la mairie sera délivré, et l'apposition de l'affiche aura lieu dans les vingt-quatre heures.

Par la déclaration indicative du local, l'administration municipale est mise en demeure d'exercer sa police d'ordre et de salubrité, comme à l'égard de tous les établissements publics quelconques.

L'indication des domiciles antérieurs et des titres, s'il y en a, a pour but d'éclairer le choix des familles, en les mettant à même de se renseigner sur la valeur morale de la personne qui vient solliciter d'elles une si haute marque de confiance.

Le professeur ou instituteur libre n'est soumis à aucune inspection ou inquisition dans l'exercice de sa profession. Il enseigne sans autre contrôle que celui des parents (ou des élèves dans les cours supérieurs) qui lui ont accordé leur confiance.

II. — Enseignement public.

L'enseignement public compte trois degrés :

L'instruction élémentaire ou générale;

L'instruction spéciale ou professionnelle ;

L'instruction supérieure.

INSTRUCTION ÉLÉMENTAIRE.

Elle comprend :

La lecture ;

L'écriture ;

Le calcul et le système légal des poids et mesures ;

La langue française ;

Des notions sur l'histoire et la géographie générales, les éléments de l'histoire de France, particulièrement la géographie de la France et l'histoire des cent dernières années ;

Les premières notions du droit naturel (Morale pure de tout mélange dogmatique) ;

La connaissance de la Constitution ;

Les éléments du droit civil ;

Le chant, la gymnastique et les premières notions de l'hygiène.

L'instruction élémentaire, l'éducation générale, commence dès la naissance. Elle embrasse trois degrés d'écoles :

1° L'école du premier âge (*crèche*), de 0 à 2 ans ;

2° L'école du deuxième âge (*salle d'asile*), de 2 à 7 ans ;

3° L'école du troisième âge (*école primaire*), de 7 à 12 ans.

Transition vers l'instruction professionnelle.

Les études classiques seront alternées, comme récréation, pour les deux sexes, d'exercices élémentaires d'un art manuel : jardinage, travaux d'aiguille, dessin, etc.

INSTRUCTION PROFESSIONNELLE.

Elle comprend :

L'apprentissage d'un métier ou art manuel :

La langue française et des exercices sur l'art d'exprimer sa pensée par écrit ou verbalement ;

L'arithmétique ;

Les notions usuelles de la géométrie ;

Le dessin linéaire ;

Les notions usuelles de physique, de chimie et d'histoire naturelle ;

Les éléments de l'histoire et de la géographie ;

Notions de cosmographie, notions plus étendues de l'histoire et de la géographie de la France ;

Des notions d'économie sociale ;

La notion du droit naturel ;

La morale (Solidarité fraternelle des hommes entre eux et des générations entre elles. Élévation vers le Bon et le Beau, vers la Justice et la Vérité) :

Notions d'hygiène;

Gymnastique ;

Horticulture ;

Dessin, statuaire;

La musique vocale et instrumentale ;

Et, dans toute ville d'au moins 6,000 habitants, l'étude de la langue du peuple le plus voisin, et d'une des langues mères (latin ou grec);

Transition vers l'instruction supérieure.

Notions de philosophie, d'esthétique.

INSTRUCTION SUPÉRIEURE

Sciences morales ;

Sciences physiques;

Beaux-Arts.

(Nous réservons cette partie supérieure de l'enseignement. Elle demanderait à elle seule d'immenses développements, un travail spécial, et nous ferait sortir du cadre modeste que nous ous sommes tracé : l'instruction populaire, c'est-à-dire ce qui correspond au besoin le plus urgent du moment. Il nous suffit de l'avoir indiquée comme sommet de la série. Nous nous hâtons de revenir à l'instruction élémentaire et professionnelle, dont il nous reste à donner l'organisation pratique, après en avoir esquissé le programme.)

III. — Corps enseignant

Le corps enseignant se compose des instituteurs des deux sexes pour l'instruction élémentaire et professionnelle, des maîtres d'arts et métiers des deux sexes pour l'instruction professionnelle, et des professeurs des deux sexes pour l'instruction supérieure.

Les instituteurs publics élémentaires sont répartis sur la surface de la République, de manière à ce qu'il y ait toujours, par deux à trois mille âmes de population :

Un instituteur,
Une institutrice.
Une directrice de salle d'asile,
Une directrice de crèche.

Il y a, dans chaque canton, pour l'école professionnelle :

Un instituteur, directeur de l'école,
Une sous-directrice,
Des maîtres et maîtresses-adjoints en nombre utile,
Le directeur de la ferme-modèle, professeur d'agriculture et d'horticulture,
Des professeurs d'arts et métiers en nombre relatif à la population et aux besoins de la localité.

Il sera établi, en outre, des écoles professionnelles régionales d'un degré supérieur dans les anciens chefs-lieux d'académies universitaires.

Ecoles normales.

Les instituteurs seront formés dans des écoles normales; il y aura une école normale pour chaque sexe dans tous les anciens chefs-lieux d'académie.

L'admission aux écoles normales sera gratuite, mais soumise à un concours.

La durée du cours normal sera de quatre années, y compris une année de stage dans une école publique désignée comme école modèle.

Le titre d'instituteur ou d'institutrice, une fois acquis, sera la propriété inviolable de l'impétrant.

Il sera délivré par une commission composée de directeurs d'écoles professionnelles et d'instituteurs élémentaires, tous élus par leurs pairs, d'un inspecteur d'académie et d'un membre du conseil municipal de la ville où l'examen aura lieu.

Les examens seront publics.

Les résultats en seront publiés par les journaux.

Cette publicité servira à éclairer le choix des communes.

Les instituteurs publics sont choisis par le conseil municipal ou les conseils municipaux de la circonscription de l'école, et parmi les élèves normaux munis du diplôme d'instituteur public dont il vient d'être parlé.

Les directeurs d'école normale recevront un traitement fixe, et un traitement proportionnel formé d'une prime de..... par chacun de leurs élèves qui obtiendra à la fin de l'année le diplôme d'aptitude. Enfin, il leur sera alloué, comme complément de traitement, au budget des départements composant le ressort de l'académie, et par article spécial, une somme dont le chiffre sera laissé à l'appréciation des conseils généraux, et considéré comme une manifestation de leur sentiment sur le directeur de l'école normale.

Traitement des instituteurs.

Il est alloué par l'État aux instituteurs un *minimum* de traitement fixe, et un traitement proportionnel basé sur une prime de... par chacun de leurs élèves qui aura obtenu dans l'année le certificat d'études dont il sera parlé à l'un des chapitres suivants.

Enfin, la commune (ou la réunion de communes) formant la circonscription d'enseignement fournira le local de l'école et le logement de l'instituteur. De plus il sera imputé à l'instituteur, chaque année, au budget communal, et par article spécial, un complément de traitement dont le chiffre sera laissé à l'appréciation du conseil municipal, et considéré comme la mesure de la sympathie de celui-ci pour l'instituteur public.

Une pension de retraite honorable sera assurée aux instituteurs

Organisation corporative et disciplinaire.

Tous les instituteurs et institutrices d'un canton forment un comité dont la présidence appartient au directeur de l'école cantonale. Ce comité se divise, pour les matières d'enseignement spéciales à chaque sexe, en deux sections : celle des instituteurs et celle des institutrices.

Le comité cantonal d'instruction publique siége une fois par mois. Il s'occupe du perfectionnement des méthodes, de la discipline intérieure, et de tout ce qui peut intéresser l'instruction dans le ressort du canton. Il adresse, à la suite de chaque réunion, un rapport au comité départemental.

Le comité départemental siége une fois par mois, huit jours après la réunion du comité cantonal. Il est présidé par un des instituteurs ou institutrices de l'école professionnelle du chef-lieu.

Il examine les méthodes adoptées par les comités de canton et les propage dans le département.

Il prononce en appel sur les décisions disciplinaires des comités cantonaux, forme le tableau d'avancement et de récompense, qu'il adresse tous les trois mois au conseil d'académie.

Le procès-verbal des séances et les rapports des travaux sont adressés à ce même conseil.

Le conseil académique siége tous les trois mois au chef-lieu de l'académie. Il se compose d'institutrices et d'instituteurs élus par chaque comité départemental.

Il nomme lui-même son président.

Le conseil académique s'occupe des méthodes, des récompenses à accorder aux instituteurs, et de tout ce qui peut intéresser l'instruction de son ressort.

Il prononce en appel sur les décisions disciplinaires des comités départementaux,

Il transmet les procès-verbaux de ses séances au conseil national de l'instruction publique.

Les directeurs d'écoles normales font partie du conseil académique.

Dispositions spéciales.

L'État invite les membres de l'enseignement libre à s'associer pour former une hiérarchie parallèle à celle du corps enseignant officiel que nous venons d'esquisser.

Conseil national.

Il y a près de l'administration centrale de la République un conseil national de l'instruction publique.

Ce conseil se compose d'un membre élu par chaque conseil académique et pris dans son sein, d'un membre élu par chaque comité académique de l'enseignement libre, pris également dans son sein, et de membres nommés par le ministre de l'instruction publique parmi l'élite de l'enseignement philosophique, scientifique et littéraire. Il est présidé par le ministre et siége pendant huit jours tous les trois mois.

Le conseil national de l'instruction publique forme deux sections :

Section de l'enseignement public ;

Section de l'enseignement libre.

La section de l'enseignement public prononce sur les récompenses, décide en dernier ressort des choses disciplinaires.

Les deux sections réunies s'occupent de l'expérimentation et de la propagation des méthodes, *d'où qu'elles viennent*, des intérêts communs de l'enseignement, et généralement de tout ce qui peut faire progresser l'instruction publique, hâter la diffusion des lumières.

Inspection.

Le ministre de l'instruction publique nomme en conseil national (section de l'enseignement public) les inspecteurs généraux, les inspecteurs d'académie et les inspecteurs départementaux pour les écoles publiques.

IV. — Moyens disciplinaires.

Il sera créé un journal officiel de l'instruction publique.

L'instituteur public ne relève, quant à l'exercice de ses fonctions, que des comités et conseils désignés dans le chapitre précédent.

Le comité cantonal et le comité départemental pourront lui appliquer une peine disciplinaire, sur la plainte d'un inspecteur, de l'un des conseils municipaux de la circonscription, ou de trois membres d'un des comités. La délibération sera prise aux deux tiers des voix. Appel pourra être interjeté devant le comité ou conseil immédiatement supérieur.

Les moyens disciplinaires sont :

1° La désapprobation au comité;

2° La désapprobation avec insertion au procès-verbal;

3° La désapprobation avec insertion au journal général de l'instruction publique.

L'instituteur public ne peut être déplacé ou révoqué que de l'avis conforme des conseils municipaux de sa circonscription d'enseignement, du comité départemental, du conseil d'académie et du conseil national. Cette mesure devra être votée aux deux tiers des voix; la révocation ne sera exécutoire qu'après deux délibérations successives prises à une session d'intervalle.

V. — Certificats d'intsruction.

Il sera établi dans chaque canton une commission d'examen chargée de délivrer aux jeunes citoyens le certificat d'instruction élémentaire. L'impétrant devra répondre sur *toutes* les matières comprises dans le programme dont il est parlé au chapitre 1er.

Le procès-verbal de l'examen, constatant les notes méritées par l'impétrant sur chaque branche d'instruction, sera conservé au chef-lieu du département. Copie en sera adressée à la commune. Il sera, en outre, publié dans les journaux de la localité.

La Commission d'examen pour l'instruction élémentaire se composera en nombre égal d'instituteurs et d'institutrices publics élus par le comité cantonal, d'instituteurs et d'institutrices libres élus par leurs pairs; puis du maire de la commune à laquelle appartiendra le candidat, et du maire du chef-lieu de canton, président.

Cette commission se réunira tous les trois mois.

Il sera établi dans chaque arrondissement une commission d'examen chargée de délivrer le certificat d'instruction professionnelle.

Cette commission se composera également d'instituteurs et d'institutrices publics, d'instituteurs et d'institutrices libres; de professeurs spéciaux et des maires de tous les chefs-lieux de canton.

Le candidat devra préalablement fournir un certificat d'apprentissage et faire ses preuves manuelles.

La commission se réunira tous les ans.

Procès-verbal de l'examen sera dressé et déposé comme pour l'instruction élémentaire.

Tout citoyen qui n'aura pas dépassé l'âge de six ans lors de la promulgation de la présente loi ne pourra, dans l'avenir, exercer ses droits politiques d'électeur, de juré, ni aucune des fonctions conférées par la loi (tuteur, curateur, etc.), s'il ne peut justifier de l'obtention des deux certificats ci-dessus.

Tout citoyen qui n'aura pas dépassé l'âge de dix ans lors de la promulgation de la présente loi ne pourra exercer les mêmes droits s'il ne peut justifier de l'obtention du certificat d'instruction élémentaire.

Tout citoyen qui n'aura pas dépassé l'âge de quinze ans lors de la promulgation de la présente loi ne pourra exercer les mêmes droits s'il ne peut justifier de l'obtention d'un certificat constatant qu'il possède les connaissances suivantes :

Lecture,

Écriture,

Calcul et système des mesures légales ;

Connaissance de la Constitution.

La même condition sera imposée dans cinq ans de ce jour à tous les autres citoyens qui n'ont pas encore atteint aujourd'hui l'âge de trente ans.

Les comités départementaux et cantonaux d'instruction s'entendront avec les autorités locales pour établir immédiatement dans chaque commune, si petite qu'elle soit, une école d'adultes au moins trois fois par semaine le soir, et tous les dimanches à midi.

Les conseils et comités d'instruction signaleront activement les efforts et le zèle des instituteurs dans l'enseignement des adultes. Un crédit extraordinaire sera affecté à la distribution de nombreuses récompenses dans le but de stimuler ces efforts.

VI. — DISPOSITIONS GÉNÉRALES.

Tout instituteur public sera tenu de faire chaque dimanche un cours de deux heures ouvert à tous les citoyens, quel que soit leur âge.

La première heure de l'école du dimanche sera consacrée à l'exposé succinct et, d'après *le Moniteur*, des travaux politiques de l'Assemblée nationale, des événements politiques à l'intérieur et à l'extérieur, du mouvement de la production et de la consommation, et enfin à la lecture du préambule de la Constitution de la République.

L'instituteur parlera ensuite des découvertes récentes qui toucheront le plus aux intérêts de son auditoire, des procédés agricoles, horticoles et industriels recommandés par les académies spéciales.

Le reste du temps sera consacré à l'enseignement de la lecture, de l'écriture et du calcul.

Toutes les dispositions de la présente loi sont communes aux enfants et aux instituteurs des deux sexes.

CHARLES SAUVESTRE.

(*Démocratie pacifique*. — Mai-juin 1851.)

Paris. — Imp. de Dubuisson et Ce, rue Coq-Héron, 5.

www.ingramcontent.com/pod-product-compliance
Ingram Content Group UK Ltd.
Pitfield, Milton Keynes, MK11 3LW, UK
UKHW012313240726
13966UKWH00005B/1861

9 782011 904881